Gerlinde Blahak

Fantasievolles Gestalten nach Impulsen

20 schülergerechte Arbeitsanleitungen für einen abwechslungsreichen Kunstunterricht

5.–10. Klasse

Die Autorin

Gerlinde Blahak ist Studienrätin mit den Fächern Englisch, Geschichte, Sozialkunde und Kunsterziehung. Sie arbeitete an einer Realschule und einer Fachakademie für Sozialpädagogik und hat bereits mehrere Werke im Bereich Kunstpädagogik veröffentlicht.

Gedruckt auf umweltbewusst gefertigtem, chlorfrei gebleichtem und alterungsbeständigem Papier.

1. Auflage 2020

Grafik: alle Abbildungen © Gerlinde Blahak
Satz: Satzpunkt Ursula Ewert GmbH, Bayreuth

ISBN: 987-3-403-20564-7

www.persen.de

Inhaltsverzeichnis

Vorwort 4

Impuls 1: Schablonen 5

Graffiti – Bildgestaltung aus Teilflächen 5

Kolibri – Schablonen durchreiben 9

Mode-Puppe – Kleiderbügel als Schablone 13

Wilde Maske – Spaltschnitt 17

Zwei Scheren treffen sich – Schere als Schablone 21

Impuls 2: Linien 25

Gestreifter Hund – 3-D-Papierobjekt 25

Punk-Perücke – Linien übereinandergelegt 29

Mücken-Alarm – Linien-Spiralen 33

Unter dem Regenschirm – Pinselzeichnung, Silhouettenschnitt 37

Familienfoto – U-förmige Linien 41

Impuls 3: Geometrische Formen 45

Boote und Wellen – Kreissegmente, Dreiecke 45

Huhn und Ei – Ovale 49

Reisegepäck – Rechtecke 53

Stelzengeher – Collage aus geometrischen Formen 57

Orientalische Stadt – Kreise und Linien, Monotypie 61

Impuls 4: Zufallsverfahren 66

Designer-Geschirr – Fingerdruck, Collage 66

Geisterbäume – Reißen, Reizbild-Collage 70

Kritzelköpfe – Gekritzelte Linien 75

Unter Wasser – Abklatschen 79

Vogelschar – Gerissene Formen 83

Kopfzeilenpiktos:

Vorwort

Dieses Buch hat sich zum Ziel gesetzt, Schülern beim Einstieg in ein neues Thema die allgemein verbreitete „Angst vor dem leeren Blatt“ zu nehmen. Das bedeutet, dass mit einfachen praktischen Impulsen begonnen wird, um auf diese Weise die Blockade der rechten Gehirnhälfte zu lösen und zu kreativer individueller Ideenfindung zu aktivieren.

In der Praxis hat sich gezeigt, dass diese Methode in allen Jahrgangsstufen erfolgreich ist, da die ersten Impulsschritte so unkompliziert sind, dass sie jedem Schüler Mut machen und als Konsequenz zu komplexeren Lösungen herausfordern.

Da die Arbeitsanleitungen sich direkt an den Schüler richten, ist das Buch auch für das selbstständige Bearbeiten eines Themas durch die Schüler geeignet.

Die Impulsvorschläge sind in vier Kapitel gegliedert: *Schablonen*, *Linien*, *Geometrische Formen* und *Zufallsverfahren*. Je nach Altersgruppe und Leistungsstand wählt der Lehrer ein Thema aus, zu dessen Ein- und Durchführung jeweils detaillierte Hinweise gegeben werden.

Lösungsvorschläge dienen dabei der schnellen und ersten Orientierung.

Da mit einfachen Materialien, die bereits zur Hand sind, gearbeitet wird, ist es möglich, die Projekte unmittelbar und ohne große Vorbereitung umzusetzen. Zudem beträgt der erforderliche Zeitaufwand zwei bis vier Unterrichtsstunden, was sie für Vertretungsstunden bestens geeignet macht.

Konform zu den Lehrplänen wurde besonderer Wert darauf gelegt, bereits bei Schülern vorhandene Kompetenzen zu stärken oder zu erweitern. Durch Methodenwechsel werden Fähigkeiten, wie z. B. Kleben, Reißen oder Drucken, auf motivierende Weise mit Zeichnen oder Malen kombiniert.

Und nicht zuletzt sorgen Varianten und Präsentationsvorschläge dafür, dass die Schülerlösungen nicht nur als Einzelarbeiten, sondern auch als Gemeinschaftsleistungen wahrgenommen werden.

Die Autorin wünscht allen Kollegen viel Erfolg mit motivierten und begeisterten Schülern.

Gerlinde Blahak

Graffiti – Bildgestaltung aus Teilflächen

Kurzbeschreibung

Die Schüler teilen eine rechteckige Fläche in fünf Streifen und bauen aus den Teilflächen ein Gesicht mit prägnanten Zügen auf. Für den untersten Streifen erfinden sie einen originellen Künstlernamen. Anschließend führen sie die Vorzeichnung mit Farbstiften, Kreiden und Malkasten in kräftigen Farben aus.

Jahrgangsstufe

5–10

Zeitaufwand

4 Unterrichtsstunden

Kompetenzen

- Sachkompetenz: kreativer Einsatz von Pinsel, Kreide und Farbstiften, Schablonenzeichnen mit dem Lineal
- Methodenkompetenz: sukzessiver Aufbau eines Gesichts, Elemente des Comics, Schrift im Bild, Qualitäts- und Quantitätskontrast von Farben

Hinweise

Weisen Sie darauf hin, dass die Teilflächen nicht gleich groß sein müssen.

- Empfehlen Sie den Schülern, auch das Weiß des Papiers als Farbe in die Gestaltung einzubeziehen.
- Regen Sie an, verschiedene Malwerkzeuge einzusetzen und Farbschichten übereinanderzulegen.
- Achten Sie darauf, dass die Umrisse zum Schluss nochmals mit schwarzem Stift hervorgehoben werden.

Material

- weißes Papier (DIN A4)
- Lineal
- Bleistift
- Radiergummi
- Filzstifte
- Buntstifte
- Wachsmalkreiden
- Malkasten
- Pinsel (Nr. 3)
- Wassergefäß

Graffiti – Bildgestaltung aus Teilflächen

So geht's:

Flächenschablone

- Zeichne auf ein weißes DIN-A4-Blatt mit Bleistift ein großes Rechteck (ca. 26 cm × 17 cm).
- Teile die Fläche durch vier waagrechte Linien in fünf ungefähr gleich große Abschnitte ein.

Gesichtszüge

- Zeichne nun mit einfachen Linien in jede Spalte bestimmte Gesichtszüge. Versuche, die jeweilige Fläche gut auszunutzen. Orientiere dich an den Vorschlägen der Anleitung:
- (1) Haare
- (2) Augen
- (3) Nase
- (4) Mund
- (5) origineller Künstlername (in Großbuchstaben)

Farbige Gestaltung

- Male nun entweder den jeweiligen Hintergrund oder das Motiv (z. B. Mund) in kräftigen Farben aus.
- Verwende Pinsel und Malkasten oder Farbkreiden und Filz- oder Buntstifte.
- Du kannst auch zwei verschiedene Farbschichten übereinanderlegen.

Tipps

- Lass den Hintergrund bei Streifen 1, 3 und 5 weiß.
- Auch Zähne oder Augäpfel kommen in Weiß besser zur Geltung.
- Ziehe zum Schluss alle Konturen wie bei einem Comic mit schwarzem Filzstift nach.
- Betone auch den Rand des Rechtecks und die Trennlinien.

Graffiti – Bildgestaltung aus Teilflächen

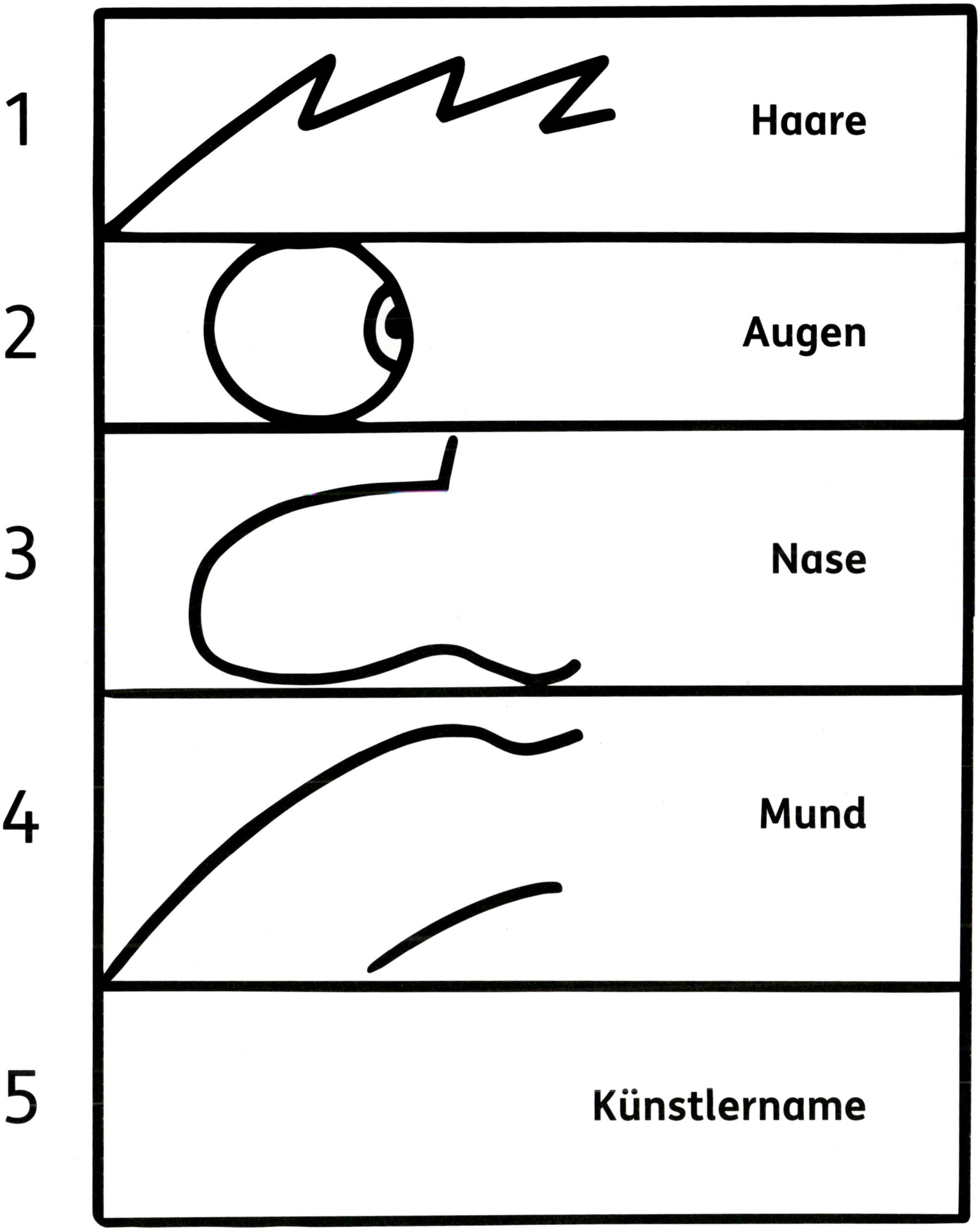

1 **Haare**

2 **Augen**

3 **Nase**

4 **Mund**

5 **Künstlername**

Graffiti – Bildgestaltung aus Teilflächen

Kolibri – Schablonen durchreiben

Kurzbeschreibung

Die Schüler stellen das Flügelschlagen eines Kolibris durch Kritzelbewegungen mit Wachsmalkreiden über Schablonenränder dar.

Jahrgangsstufe

5–10

Zeitaufwand

2 Unterrichtsstunden

Kompetenzen

- Sachkompetenz: Erstellen von Pappschablonen, Einsatz von Wachsmalkreiden
- Methodenkompetenz: Durchreiben von Schablonen, Überschneidungen, Darstellung von Bewegung

Hinweise

- Weisen Sie darauf hin, dass die Schablonen Bestandteil des Bildes werden (Collage) und daher aufbewahrt werden müssen.
- Achten Sie darauf, dass zur farbigen Bearbeitung der Pappschablonen die Arbeitsplätze mit Papier abgedeckt werden sollten.

Material

- weißes Papier (DIN A4)
- dünner Fotokarton (Reste)
- Bleistift
- Radiergummi
- Wachsmalkreiden

Kolibri – Schablonen durchreiben

So geht's:

Vogelkörper (Schablone)

- Zeichne mit Bleistift auf einen Fotokartonrest eine 8 cm lange Linie.
- Darüber wölbt sich eine 3 cm hohe Kuppel: Du erhältst eine halbkreisförmige Figur.
- Schneide die Schablone zwei Mal aus.
- Lege beide Teile mit den Grundlinien eng aneinander und zeichne die Umrisse in der Mitte eines weißen Blattes nach. Das wird der Körper deines Kolibris (1).

Flügel

- Lege eine Schablone seitlich an den Vogelkörper und fahre mit Wachsmalkreide in einer beliebigen Farbe in Zickzacklinien kräftig über die Kanten: Auf dem Blatt zeichnet sich der Umriss ab, wenn du die Schablone entfernst (2).
- Wiederhole den Vorgang mit Wachsmalkreiden in anderen Farben fünf bis sechs Mal.
- Wenn du die Schablone ein wenig verschiebst, überschneiden sich die Ränder (3).
- Bearbeite die andere Seite des Vogelkörpers ebenso mit der zweiten Schablone.

Fertigstellen

- Klebe beide Schablonen, auf deren Rändern viele Wachsmalspuren zu sehen sind, auf die vorgezeichnete Fläche in der Mitte (Vogelkörper) (4).
- Fülle unbearbeitete Stellen des Körpers mit weiteren Farbspuren aus. Du kannst auch den Bleistift einsetzen.
- Schneide aus Kartonresten eine kleine Kreisform für den Kopf und einen langen, spitzen Schnabel aus. Gestalte auch sie mit Wachsmalkreiden, bevor du sie an passender Stelle aufklebst (5).
- Schneide noch einige Kartonteile für die Schwanzfedern zurecht und male sie ebenfalls vor dem Aufkleben an (6).

Kolibri – Schablonen durchreiben

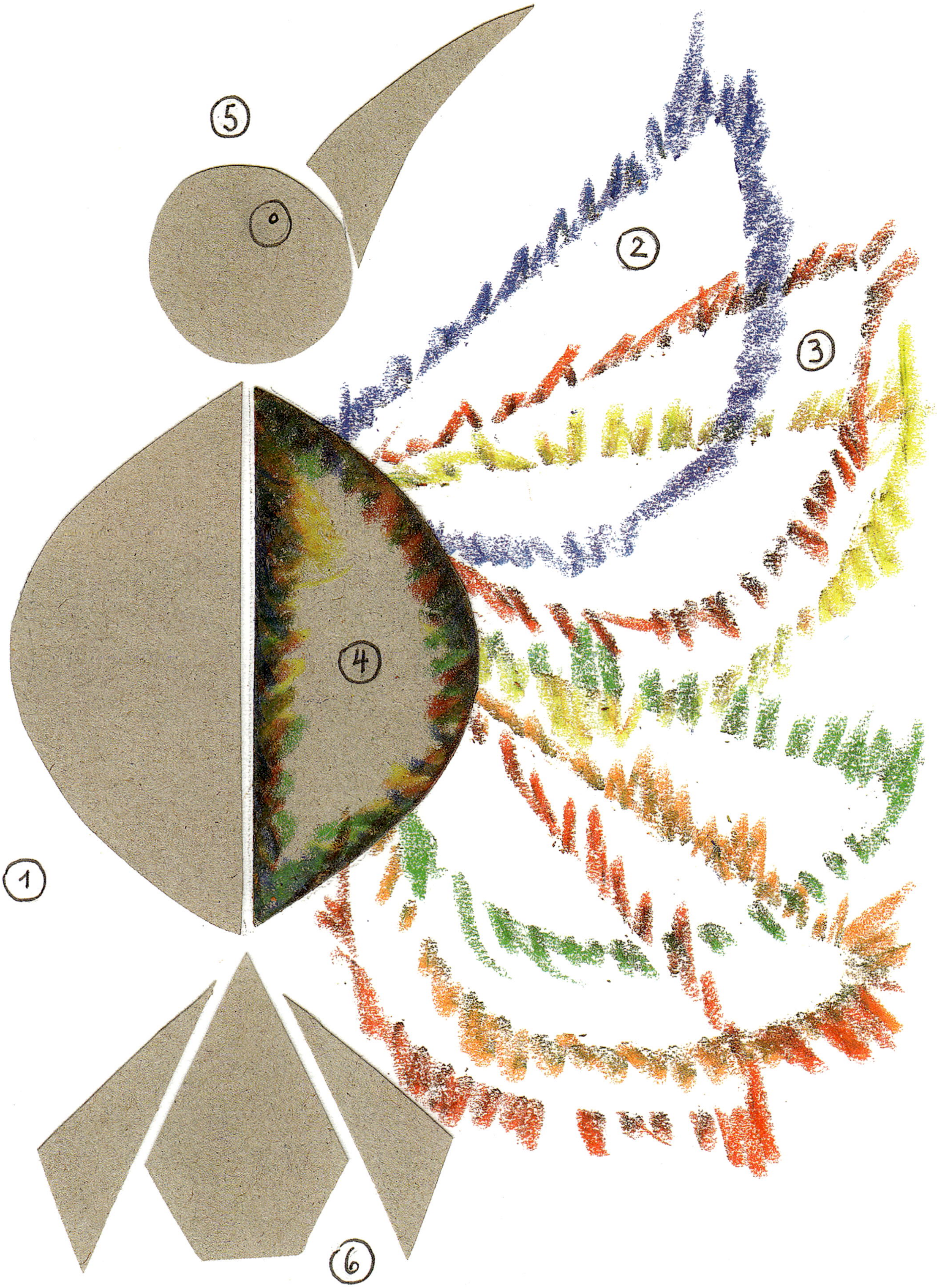

Kolibri – Schablonen durchreiben

Mode-Puppe – Kleiderbügel als Schablone

Kurzbeschreibung

Die Schüler integrieren in die Umrisse eines Kleiderbügels das Gesicht einer Mode-Puppe. Sie bearbeiten das Motiv grafisch mit schwarzen Filzstiften in unterschiedlicher Stärke.

Jahrgangsstufe

7–10

Zeitaufwand

4 Unterrichtsstunden

Kompetenzen

- Sachkompetenz: kreativer Einsatz von schwarzen Filzstiften zur Flächengestaltung
- Methodenkompetenz: Aufbau eines Gesichts, Auflösung von Flächen in Schwarz-Weiß-Gliederung, Verfremdung von Alltagsgegenständen

Hinweise

- Zeigen Sie als Einstieg verschiedene Kleiderbügel-Modelle.
- Achten Sie darauf, dass die Schüler die Kleiderbügel-Schablone symmetrisch konstruieren (siehe Anleitung).
- Weisen Sie darauf hin, dass die Entwurfslinien für den Kopf auf Haken und Bügel weiterlaufen (Haare, Kragen).
- Die Arbeit kann auch auf einem Blatt in Größe DIN A3 ausgeführt werden.
- Präsentationsvorschlag: Wenn die Entwürfe auf Fotokarton angelegt werden, lassen sie sich ausschneiden und auf einer Schnur hängend präsentieren.

Material

- Fotokarton (ca. 20 cm × 10 cm)
- weißes Papier (DIN A4)
- Kleiderbügel (Anschauungsmaterial)
- Bleistift
- Radiergummi
- Lineal
- schwarze Filzstifte (verschiedene Stärken)

Mode-Puppe – Kleiderbügel als Schablone

So geht's:

Kleiderbügel-Schablone

- Falte einen Fotokartonstreifen (ca. 20 cm × 10 cm) in der Mitte.
- Zeichne mit Lineal und Bleistift von der Faltkante ausgehend die Hälfte eines Bügels (ohne Haken) vor.
- Schneide die gefaltete Schablone aus und lege sie aufgeklappt auf das untere Drittel eines weißen Blattes (DIN A4 oder DIN A3). Fahre die Umrisse mit Bleistift nach. Trage auch die Faltkante als Hilfslinie für die weitere Zeichnung ein.
- Skizziere in der Mitte des Blattes die Umrisse eines Gesichtsovals.
- Zeichne oben auf den Kopf den Haken eines Kleiderbügels.
- Achte darauf, dass die Hilfslinie mittig durch alle Teile verläuft.

Grafische Bearbeitung:

- Arbeite zunächst mit Bleistift.
- Zeichne Gesichtszüge in die Kopffläche.
- Arbeite nur mit Linien und zeichne keine Schatten.
- Entwirf um den Kopf die Umrisse einer Frisur.
- Löse die Haarsträhnen in Linien und kleinere Flächen auf.
- Achte darauf, dass sich einzelne Linien in den Flächen des Hakens und des Bügels fortsetzen.
- Zeichne sie unterschiedlich breit und dicht. Integriere Blüten, Schleifen oder Spangen.
- Fahre alle Umrisslinien mit dickerem schwarzem Filzstift nach.
- Verwende für die Bearbeitung der Binnenflächen auch fein zeichnende Stifte.
- Fülle einige Flächen schwarz aus.
- Strukturiere andere Flächen mit parallel verlaufenden, geschwungenen Linien.
- Achte insgesamt auf eine ausgewogene Verteilung von Schwarz und Weiß.
- Entferne zum Schluss alle Bleistiftspuren.

Mode-Puppe – Kleiderbügel als Schablone

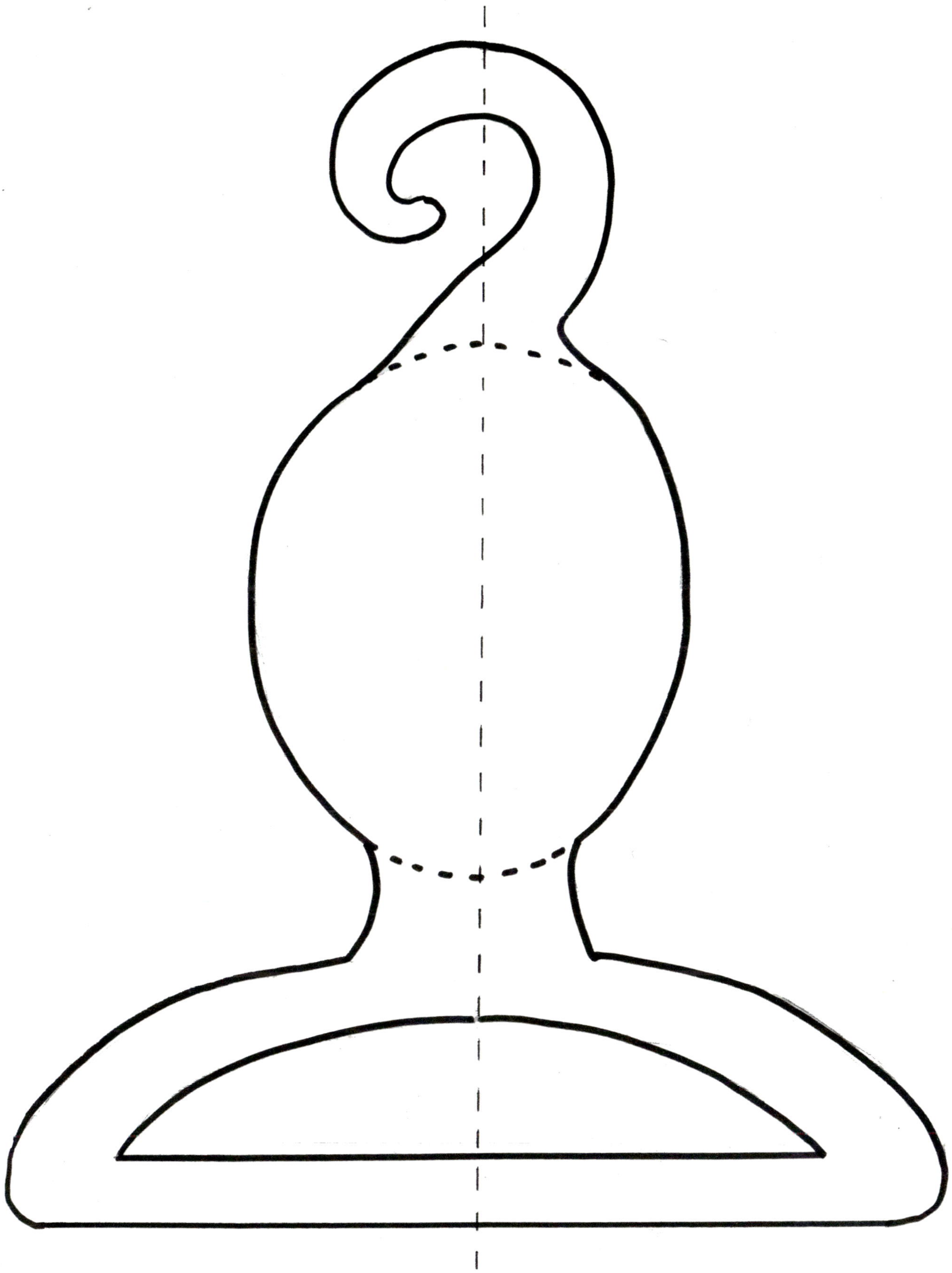

Mode-Puppe – Kleiderbügel als Schablone

Wilde Maske – Spaltschnitt

Kurzbeschreibung

Die Schüler zerschneiden eine ovale Form aus schwarzem Tonpapier gezielt mit zwei Schnitten und lassen beim Aufkleben der Teile Zwischenräume, die sie zeichnerisch mit Gesichtszügen ausgestalten.

Jahrgangsstufe

5–10

Zeitaufwand

2 Unterrichtsstunden

Kompetenzen

- Sachkompetenz: Zerschneiden von Flächen, Aufkleben von Teilformen, grafischer Einsatz von schwarzen Filzstiften
- Methodenkompetenz: Spaltschnitt, Figur-Grund-Bezug, Punkt und Linie als grafische Elemente

Hinweise

- Für jüngere Schüler empfiehlt sich, als Hintergrund Papier in Größe DIN A3 einzusetzen, da in den Zwischenräumen nicht allzu kleinteilig gearbeitet werden muss.
- Regen Sie an, die Aufgabe auch in anderen Farbstellungen (z. B. Dunkelblau – blauer/schwarzer Filzstift, Rot – roter/schwarzer Filzstift) zu lösen.

Material

- weißes Papier (DIN A4)
- schwarzes Tonpapier (DIN A5)
- Schere
- Klebestift
- Bleistift
- Radiergummi
- schwarzer Filzstift (fein zeichnend)
- eventuell weißer Malstift

Wilde Maske – Spaltschnitt

So geht's:

Spaltschnitt

- Zeichne mit Bleistift ein großes Oval (Kopf) auf schwarzes Tonpapier (ca. 12 cm × 18 cm).
- Schneide ein Drittel der Fläche ab (Oberkopf/Stirn) (1).
- Klebe es in die obere Hälfte eines weißen Blattes (DIN A4).
- Zerschneide den Rest des Ovals senkrecht genau in der Mitte (2).
- Ziehe die Teile auseinander und klebe sie schräg unter die Stirnpartie (Wangen) (3).

Gesichtszüge

- Zeichne nun mit Bleistift in die entstandenen Zwischenräume Augen, Nase, Mund und Kinn einer Maske.

Tipps

- Verzerre die Gesichtszüge, zeichne z. B. übergroße Zähne, riesige Pupillen usw.
- Ergänze Ohren, Hörner, Stacheln und Haare oder Fell.
- Ziehe alle Entwurfslinien mit fein zeichnendem schwarzem Filzstift nach.
- Entferne alle Bleistiftspuren.
- Zeichne mit weißem Malstift Tattoos und Muster in die schwarzen Flächen.

Wilde Maske – Spaltschnitt

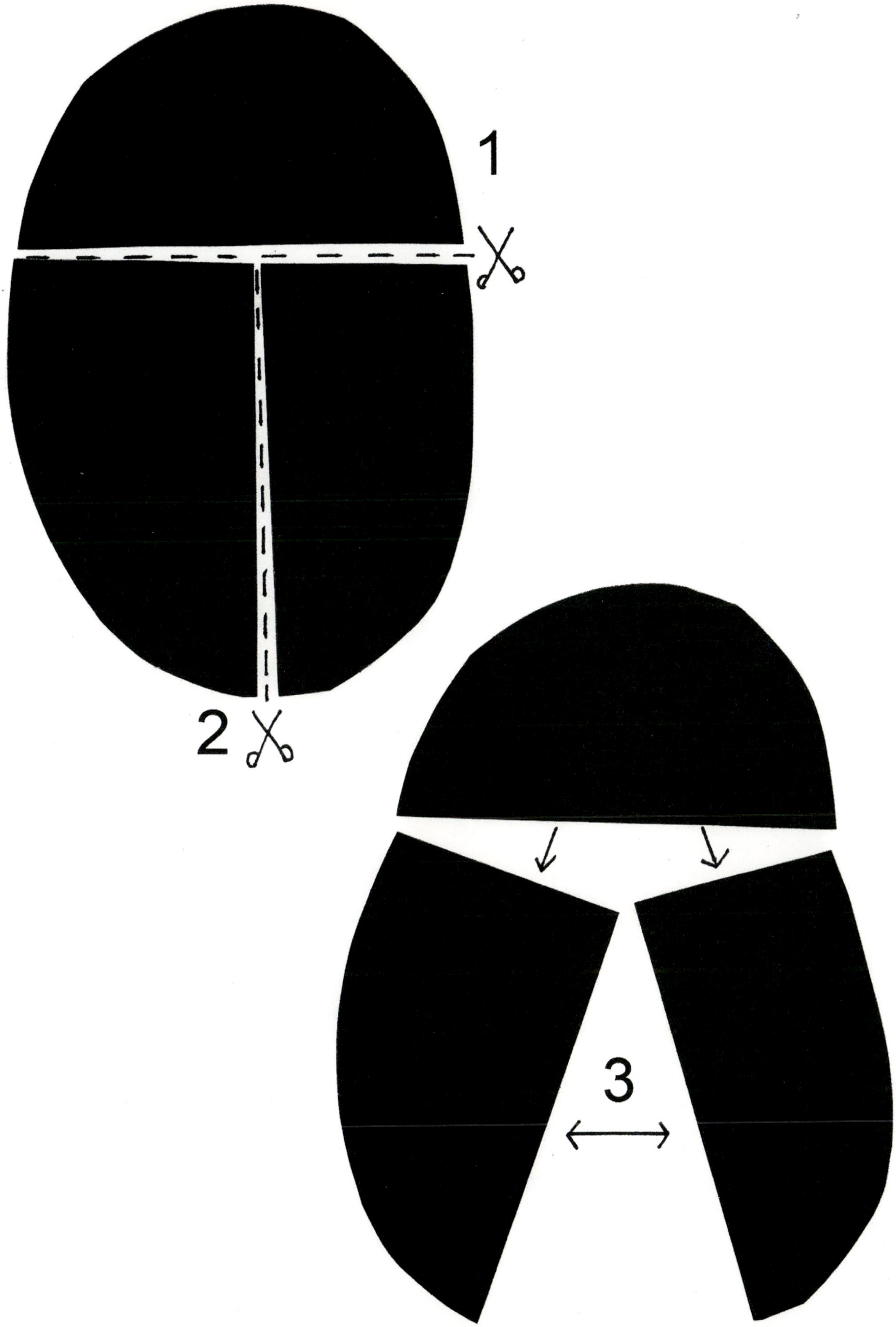

1

2

3

Wilde Maske – Spaltschnitt

Zwei Scheren treffen sich – Schere als Schablone

Kurzbeschreibung

Die Schüler gestalten die Umrisse von zwei Scheren zu Comicfiguren um, indem sie Gesichter, Arme, Beine und Kleidung in der für Comics typischen Ausprägung hinzuzeichnen und farbig ausgestalten.

Jahrgangsstufe

5–7

Zeitaufwand

2 Unterrichtsstunden

Kompetenzen

- Sachkompetenz: Zeichnen und Ausgestalten mit Filzstiften und Malkreiden
- Methodenkompetenz: Scherenumrisse als Schablonen, Ideenfindung und Experimentieren beim Weiterzeichnen, Elemente des Comics.

Hinweise

- Regen Sie an, dass die Schüler Scheren in verschiedenen Größen sowie in offener oder geschlossener Form als Schablonen verwenden.
- Lassen Sie zuerst einen Bleistiftentwurf erstellen.
- Achten Sie darauf, dass die Figuren durch Blicke oder Haltung miteinander kommunizieren.

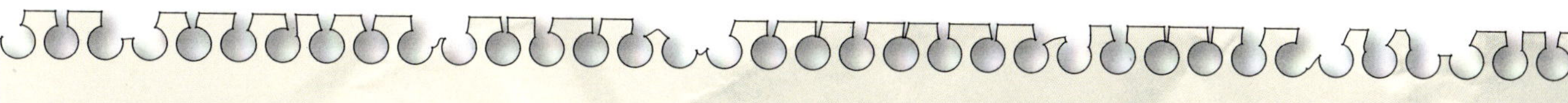

Material

- weißes Papier (DIN A4)
- Skizzenpapier
- 1–2 Scheren
- Bleistift
- Radiergummi
- schwarzer Filzstift (verschiedene Stärken)
- Malstifte
- Kreiden

Zwei Scheren treffen sich – Schere als Schablone

So geht's:

- Fahre die Umrisse der Scheren mit Bleistift auf Skizzenpapier nach. Verwende kleine, große, spitze, runde, geschlossene oder geöffnete Scheren.
- Wähle zwei Umrisse aus, die du weitergestalten möchtest, und übertrage sie auf weißes Papier in Größe DIN A4.
- Verwandle nun die Formen zu Comicfiguren: Überlege, wo Augen, Nase, Arme und Beine sitzen können.

Tipps

- Du kannst Zwischenräume nutzen und die Schneiden der Schere zu Beinen umfunktionieren. Du kannst aber auch Köpfe und Gliedmaßen dazu zeichnen.
- Augen entwickelst du am besten aus kleinen Kreisen oder Ovalen.
- Nasen und Münder können sehr schmal oder riesig werden.
- Arme und Beine sind unterschiedlich lang und dick. Verzerre also die Proportionen.

- Gib deinen Figuren durch Haare und lustige Frisuren ein individuelles Aussehen.
- Entwirf witzige Kleidungsstücke und schmücke sie mit Mustern aus.
- Achte darauf, dass die Figuren miteinander Kontakt aufnehmen: sich anschauen, miteinander zu reden scheinen, aufeinander zugehen usw.
- Wenn du möchtest, kannst du noch Sprechblasen mit kurzen Texten entwerfen.
- Ziehe zum Schluss die Scherenumrisse mit einem dickeren schwarzen Filzstift nach. Alle anderen Linien gestaltest du mit einem fein zeichnenden schwarzen Filzstift.
- Zuletzt arbeitest du kleine Details und Flächen mit farbigen Stiften und Kreiden aus.
- Verwende knallige Farben.

Zwei Scheren treffen sich – Schere als Schablone

Zwei Scheren treffen sich – Schere als Schablone

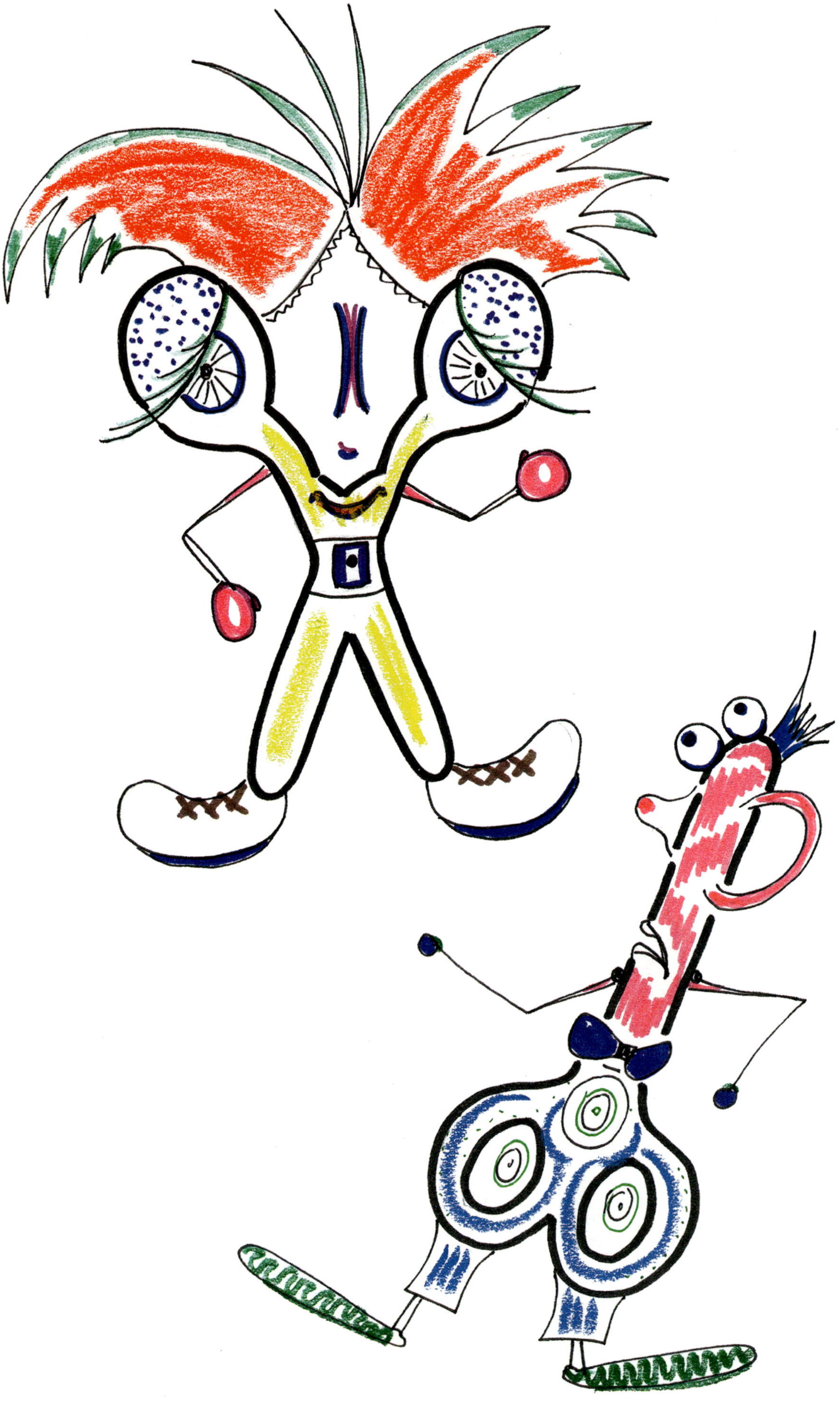

Gestreifter Hund – 3-D-Papierobjekt

Kurzbeschreibung

Die Schüler schneiden aus einer DIN-A4-Fläche die Klappfigur eines Hundes aus und gestalten mit Filz- und Buntstiften Fellstrukturen aus Linien und Punkten.

Jahrgangsstufe

5–7

Zeitaufwand

4 Unterrichtsstunden

Kompetenzen

- Sachkompetenz: geklappte Flächen, Umgang mit der Schere, Einsatz von Filz- und Buntstiften zur farbigen Gestaltung
- Methodenkompetenz: Herstellen einer Klappkarte (3-D-Papierobjekt), Strukturierung von Flächen mit Filz- und Buntstiften, Symmetrie

Hinweise

- Achten Sie darauf, dass die Schüler kräftiges Zeichenpapier (125 g/m^2) verwenden, damit das Motiv standfest wird.
- Weisen Sie darauf hin, dass die Fläche zwischen den Beinen nicht ausgeschnitten wird.
- Demonstrieren Sie, dass nur eine Hälfte des Motivs aufgezeichnet wird. Durch das (doppelte) Ausschneiden erhalten sie dann zwei symmetrische Hälften, die sie aufgeklappt als Fläche symmetrisch bearbeiten können.
- Der geklappte Hund kann als Tischdekoration oder als originelle Glückwunschkarte zum Einsatz kommen.

Material

- kräftiges weißes Papier (DIN A4)
- Bleistift
- Radiergummi
- Schere
- Filz- und Buntstifte (verschiedene Stärken)

Gestreifter Hund – 3-D-Papierobjekt

So geht's:

Klappkarte

- Falte ein weißes DIN-A4-Blatt der Länge nach in der Mitte.
- Zeichne mit Bleistift einen Hund in Seitenansicht auf.

Tipps

- Die Faltkante dient als „Rückgrat" des Hundes.
- Zeichne drei Halbkreise für Körper, Kopf und Schwanz auf (siehe Anleitung).
- Füge im Bereich des Kopfes ein Ohr hinzu und ergänze eine Nase, ein Maul und ein Auge.
- Zeichne unten zwei kräftige Beine hinzu, die auf der unteren Blattkante stehen.
- Schneide das Motiv durch die zwei Flächen hindurch aus.
- Achte darauf, dass du die Fläche zwischen den Beinen nicht ausschneidest, damit dein Hund mehr Standfestigkeit erhält.

Ausgestaltung

- Klappe die Karte auf und deute mit Bleistift auch auf der zweiten Hälfte die Umrisse des Hundes an. Achte darauf, dass alle Teile symmetrisch erscheinen.
- Nimm nun dicke Filzstifte in beliebigen Farben und zeichne über die zwei Körperhälften parallele Linien.
- Setze die Striche dicht aneinander.
- Gestalte Kopf und Ohren mit Punkten aus. Übermale die Flächen mit Buntstiften.
- Erfinde für den Schwanz und die Beine weitere Muster.
- Färbe den Hintergrund zwischen den Beinen mit dem Bleistift grau ein.
- Ziehe zum Schluss die Faltkante mit den Fingern noch einmal kräftig nach und stelle den Hund auf.

Gestreifter Hund – 3-D-Papierobjekt

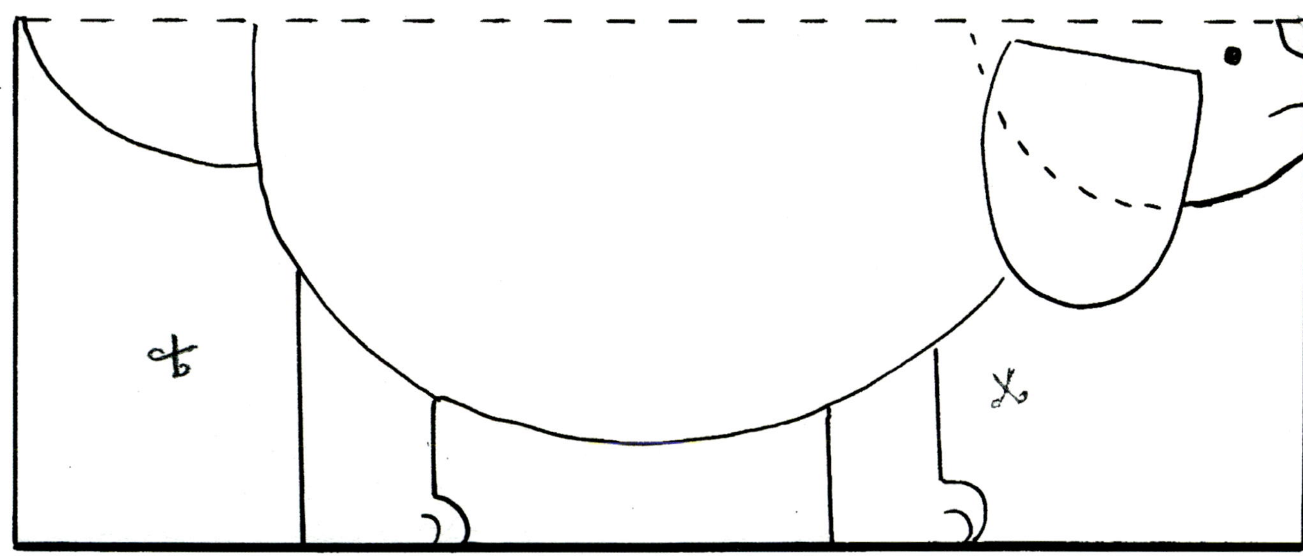

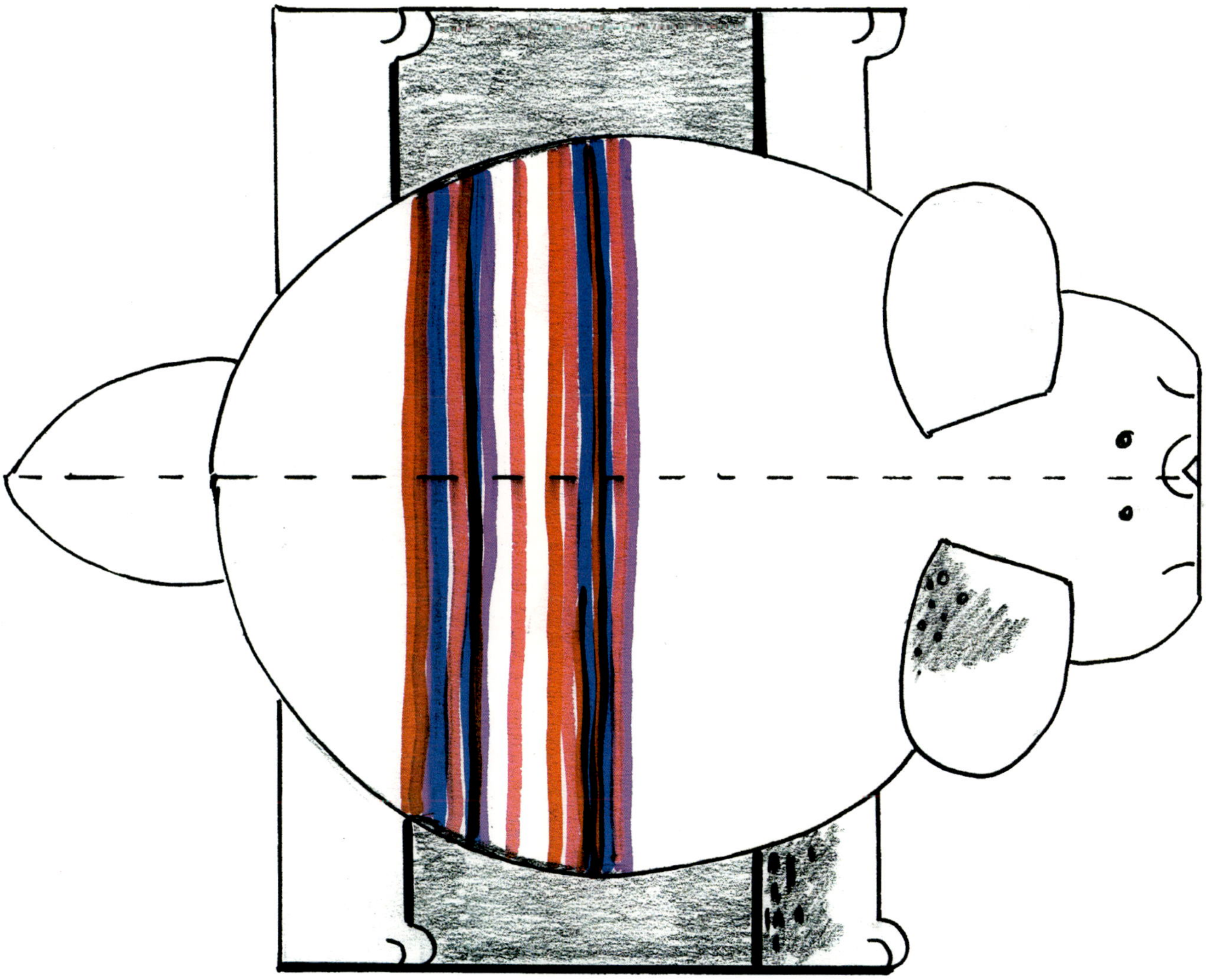

Gestreifter Hund – 3-D-Papierobjekt

Punk-Perücke – Linien übereinandergelegt

Kurzbeschreibung

Die Schüler entwerfen die untere Hälfte eines Gesichts in Profilansicht. Die obere Hälfte wird von farbigen Haarsträhnen überdeckt, die von einem Punkt ausgehen und sich dicht überlagern.

Jahrgangsstufe

7–10

Zeitaufwand

1 Unterrichtsstunde

Kompetenzen

- Sachkompetenz: Einsatz von Wachsmalkreiden und Buntstiften
- Methodenkompetenz: gezielt gerichtete Linien, Verdichtung, Farbmischung durch Überlagerung

Hinweise

- Regen Sie an, dass die Profillinie in einem Zug, ohne abzusetzen, skizziert wird.
- Die Blickrichtung kann nach links oder rechts gehen.
- Der Ausgangspunkt für die Haarlinien liegt jeweils in der gegenüberliegenden Ecke.
- Gestalten Sie mit den Lösungen ein Wand-Cluster als Gemeinschaftsarbeit.

Material

- weißes Papier (DIN A4)
- Bleistift
- schwarzer Filzstift
- Wachsmalkreiden
- Buntstifte

Punk-Perücke – Linien übereinandergelegt

So geht's:

Profilansicht

- Zeichne in eine der unteren Ecken deines Blattes mit Bleistift den unteren Teil eines Gesichts im Profil: Nase, Mund, Kinn

Tipps

- Versuche, das Profil aus einer Linie, ohne abzusetzen, zu gestalten.
- Verwende eckige oder runde Formen.
- Ziehe das Profil mit schwarzem Filzstift nach.

Haare

- Lege in der entgegengesetzten oberen Ecke deines Blattes einen Punkt fest, von dem aus alle Linien über die Gesichtsfläche laufen.
- Setze den Stift fest auf und lass die Linie mit kräftigem Druck in einer feinen Spitze über dem Gesicht auslaufen.
- Beginne mit hellen Buntstiften (z. B. Gelb, Orange).
- Lege Linien in weiteren Farben mit Wachsmalkreiden daneben und darüber, bis eine dichte bunte Haarmähne entstanden ist.
- Achte darauf, dass vor allem die obere Gesichtshälfte bedeckt wird.

Punk-Perücke – Linien übereinandergelegt

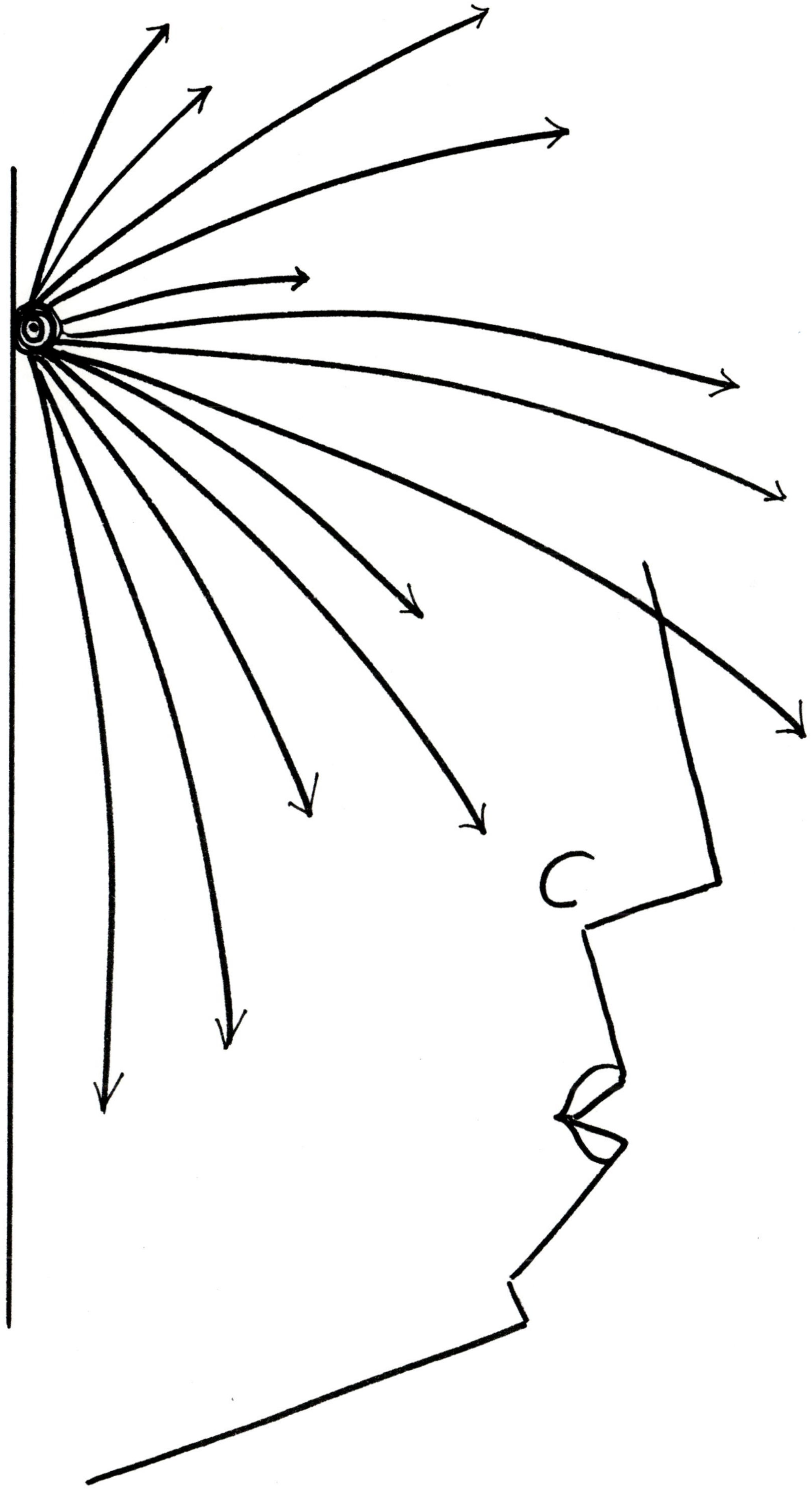

Punk-Perücke – Linien übereinandergelegt

Mücken-Alarm – Linien-Spiralen

Kurzbeschreibung

Die Schüler zeichnen aus unterschiedlich geformten spiralförmigen Linien ein Gesicht in Frontalansicht. Dazu entwerfen sie Insekten, die in spiralförmigen Fluglinien den Kopf umschwirren. Die Schüler arbeiten mit schwarzen Filzstiften in verschiedenen Stärken.

Jahrgangsstufe

5–10

Zeitaufwand

3 Unterrichtsstunden

Kompetenzen

- Sachkompetenz: Umgang mit schwarzen Filzstiften in verschiedenen Stärken, flächiger Einsatz von Bleistift und Buntstiften
- Methodenkompetenz: Zeichnen mit spiralförmigen Linien (Verfremdung), Bewegungsdarstellung, sukzessiver Aufbau von Motiven

Hinweise

- Weisen Sie darauf hin, dass möglichst alle Motivteile aus spiralförmigen Linien heraus entwickelt werden sollen, was ein gewisses Umdenken erfordert.
  Zeigen Sie dazu die Lösung auf Folie.
- Regen Sie an, dass die Schüler verschiedenartige Insekten (ebenfalls aus Spirallinien) entwerfen.
- Die Fluglinien sollten die Fläche gut ausfüllen, sich aber nicht überschneiden.
- Demonstrieren Sie den flächigen Einsatz eines Bleistiftes zum Anlegen von Schattenpartien („Schummern").
- Variante: Insekten und Gesicht können auch mit Buntstiften koloriert werden.

Material

- weißes Papier (DIN A4)
- Bleistift
- Radiergummi
- schwarze Filzstifte in verschiedenen Stärken
- eventuell Buntstifte

Mücken-Alarm – Linien-Spiralen

So geht's:

Kopf aus Kringellinien

- Nimm weißes Papier (DIN A4) hochkant.
- Zeichne mit Bleistift in die untere Hälfte die Umrisse eines Gesichts aus zwei großen Kringellinien. (1).
- Entwirf nun Augen, Nase und Mund ebenfalls aus spiralförmigen Linien (2).
- Lege die Ohren seitlich zwischen Augen und Nasenspitze (Kringellinien) (3).
- Auf dem Oberkopf entwirfst du lockige Haare aus Linien-Spiralen (4).
- Deute auch (mit Kringellinien) Schultern an.

Mückenschwarm

- Skizziere in der oberen Hälfte des Blattes mehrere Insekten. Beachte, dass auch sie möglichst aus Spirallinien entstehen sollten.
- Orientiere dich an der Zeichenhilfe auf dem Anleitungsblatt (1–5).
- Setze in die Zwischenräume gewundene Linien, die die Flugbahnen der Insekten darstellen sollen. Achte darauf, dass sie sich nicht überschneiden.

Ausarbeitung

- Ziehe alle wichtigen Linien des Gesichts mit dickerem schwarzem Filzstift nach.
- Verwende für die Mücken und die Fluglinien einen fein zeichnenden schwarzen Filzstift.
- Schraffiere das Gesicht mit Bleistift, z. B. um die Augen und Ohren, an den Außenkonturen.
- Betone auch die Körper der Mücken, indem du die Flächen mit Bleistift ausfüllst.

Tipp

- Statt mit Bleistift kannst du die Motive auch mit Buntstiften bearbeiten.

Mücken-Alarm – Linien-Spiralen

5

4

1

2

3

1

4

3

2

Mücken-Alarm – Linien-Spiralen

Unter dem Regenschirm – Pinselzeichnung, Silhouettenschnitt

Kurzbeschreibung

Die Schüler zeichnen mit Lineal und Pinsel dicht nebeneinander verlaufende parallele Linien. In der Mitte des Blattes sparen sie eine Fläche für einen Regenschirm und darunterstehende Figuren aus, die sie als Silhouetten aus schwarzem Tonpapier fertigen.

Jahrgangsstufe

7–10

Zeitaufwand

3 Unterrichtsstunden

Kompetenzen

- Sachkompetenz: Linienziehen mit Pinsel und Lineal, Schneiden, Arbeiten mit schwarzem Tonpapier
- Methodenkompetenz: Silhouettenschnitt, Symmetrieschnitt, Verdichtung von Linien mit dem Pinsel, Collage

Hinweise

- Lassen Sie bei der Pinselzeichnung die Schüler auf einer Unterlage aus Zeitungspapier arbeiten, damit sie die Linien auch über den Blattrand hinaus auslaufen lassen können.
- Regen Sie an, alle möglichen Farben aus dem Malkasten zu verwenden.
- Achten Sie darauf, dass die Schüler das Lineal bei einem Farbwechsel mit Küchenpapier säubern.
- Weisen Sie darauf hin, dass die Fläche unter dem Regenschirm von Linien frei gehalten werden sollte.
- Demonstrieren Sie anhand der Anleitung, wie die Figuren aus einfachen Grundformen entwickelt werden.

Material

- weißes Papier (DIN A4)
- schwarzes Tonpapier (DIN A5)
- Schere
- Klebestift
- Bleistift
- Pinsel (Nr. 3)
- Lineal
- Malkasten
- Wassergefäß
- Küchenpapier

Unter dem Regenschirm – Pinselzeichnung, Silhouettenschnitt

So geht's:

Regenschirm

- Nimm schwarzes Tonpapier doppelt und zeichne mit Bleistift entlang der Faltkante die Hälfte eines Regenschirms auf.
- Schneide das Motiv aus.
- Nimm weißes Papier (DIN A4) waagrecht und lege die Regenschirm-Schablone aufgeklappt in die Mitte.
- Zeichne mit Bleistift die Umrisse nach und lege die Schablone beiseite.

Regenschauer

- Befeuchte alle Näpfchen in deinem Malkasten mit Wasser.
- Nimm ein Lineal und zeichne mit einem dünnen Pinsel (z. B. Nr. 3) farbige Linien auf das Blatt, die parallel zu den Schmalseiten des Blattes verlaufen.
- Wichtig: Spare die Fläche des Regenschirms und die darunterliegende Fläche aus.

Tipps

- Beginne mit einer hellen Farbe (z. B. Gelb oder Orange).
- Verwende viele verschiedene Farben.
- Lege die Linien sehr dicht nebeneinander.
- Unterbrich die Linien ab und zu.
- Säubere das Lineal nach jedem Farbwechsel mit Küchenpapier.
- Lass das Blatt gut trocknen.

Figuren

- Zeichne die Umrisse von zwei Personen und einem Hund auf schwarzes Tonpapier.
- Baue sie aus Grundformen auf (siehe Anleitung).
- Achte darauf, dass sie sich deutlich voneinander unterscheiden und gut unter den Regenschirm passen.
- Schneide die Figuren aus.
- Klebe zunächst den Schirm und dann die Figuren auf die dafür frei gelassene Stelle des Blattes.

Tipps

- Du kannst kleine Details, z. B. Hut, Tasche, extra ausschneiden und dazukleben.
- Ergänze den Griff und Stock des Schirms mit schwarzem Filzstift.
- Schließe das Silhouettenbild mit einem Streifen Tonpapier am unteren Bildrand ab.

Unter dem Regenschirm – Pinselzeichnung, Silhouettenschnitt

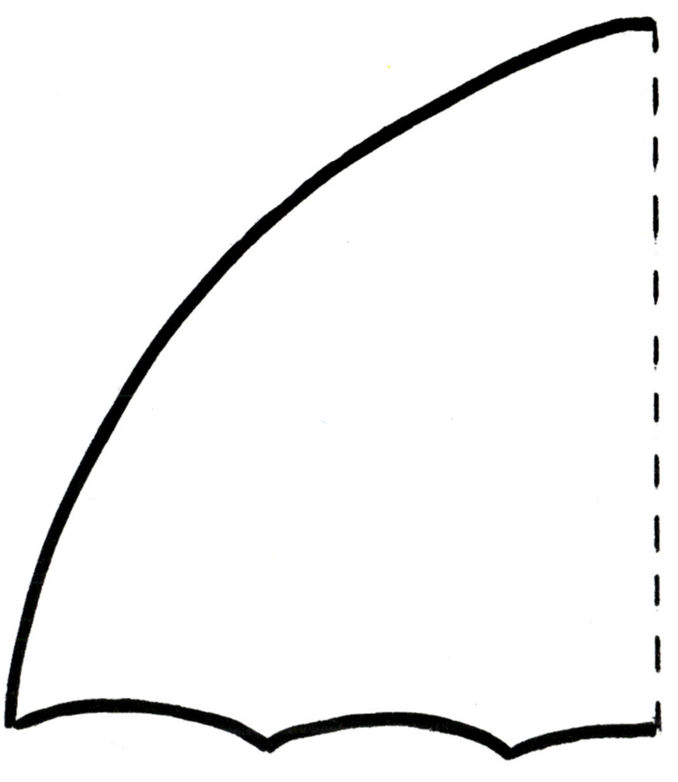

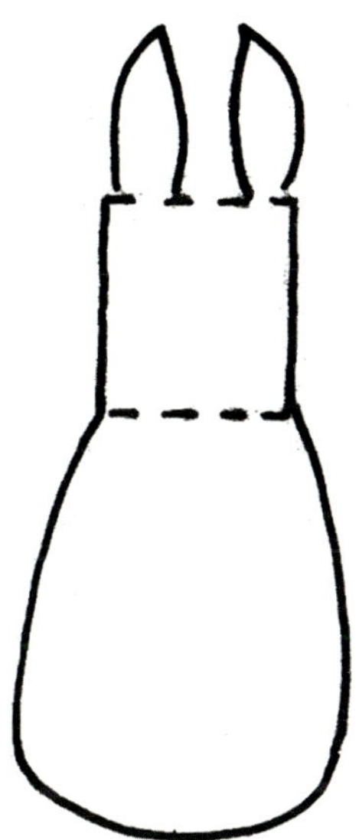

Unter dem Regenschirm – Pinselzeichnung, Silhouettenschnitt

Familienfoto – U-förmige Linien

Kurzbeschreibung

Die Schüler entwerfen aus auf dem Kopf stehenden U-Formen eine Gruppe von Figuren. Sie statten sie mit Details, wie differenzierten Gesichtszügen, Frisuren und Kleidungsstücken aus, wobei die zugrundeliegende U-Form immer deutlich sichtbar erhalten bleibt (Familienähnlichkeit!).

Jahrgangsstufe

5–10

Zeitaufwand

2 Unterrichtsstunden

Kompetenzen

- Sachkompetenz: zeichnerischer Einsatz von Bleistift und Filzstiften
- Methodenkompetenz: sukzessiver Aufbau von Figuren, Elemente des Comics, Hintergrund und Vordergrund

Hinweise

- Weisen Sie darauf hin, dass als Erstes die u-förmigen Grundformen der Personen in unterschiedlicher Höhe und Breite nebeneinander angelegt werden sollen.
- Alle Figuren stehen auf einer Grundlinie und sind in Vorderansicht zu sehen.
- Im Hintergrund skizzieren die Schüler ein Landschaftsszenario oder eine Stadtsilhouette.
- Variante: Regen Sie an, eventuell auch die eigene Familie karikierend darzustellen.
- Variante: Das Bild kann mit Filz- oder Buntstiften farbige Akzente erhalten.

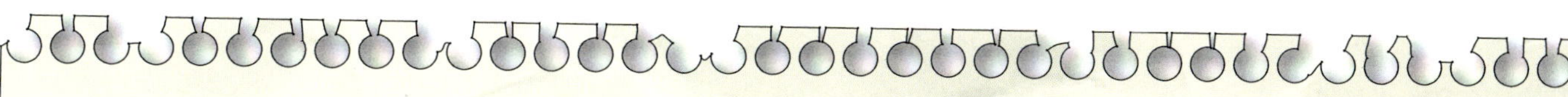

Material

- weißes Papier (DIN A4)
- Bleistift
- Radiergummi
- schwarzer Filzstift (fein zeichnend)

Familienfoto – U-förmige Linien

So geht's:

Figuren

- Nimm ein Blatt (DIN A4) hochkant.
- Zeichne mit Bleistift im unteren Drittel eine waagrechte Grundlinie, auf der deine Figuren stehen sollen.
- Entwirf nebeneinander für die Personen unterschiedlich große Grundformen. Sie haben die Form eines lang gezogenen „U", das auf dem Kopf steht.
- Zeichne dann Augen, Mund, Nase, Ohren, Frisuren, Bart, Brille.
- Füge Arme hinzu. Sie verschwinden hinter dem Rücken oder sind von vorne sichtbar.
- Zeichne Beine und Füße mit unterschiedlichen Schuhen.
- Skizziere Kleidungsstücke (Kragen, Halsausschnitt, Taschen, Kopfbedeckungen).

Tipps

- Zeichne mit einfachen Linien und keine Schattenzonen.
- Verwende für die Gesichtszüge Punkte und Striche.
- Setze Muster auf die Kleidungsstücke.

Hintergrund

- Wähle einen passenden Hintergrund für dein Familienfoto: Berge und Täler, Baumlandschaft, Sonnenschirm und Palmen, Stadtsilhouette, Möbel.
- Deute die Umrisse nur an.
- Führe den Hintergrund auch im Vordergrund weiter: Steine, Sand, Teppich usw.

Fertigstellen

- Ziehe zum Schluss alle Linien, die du erhalten willst, mit einem fein zeichnenden schwarzen Filzstift nach.
- Radiere überflüssige Bleistiftlinien weg.

Familienfoto – U-förmige Linien

Familienfoto – U-förmige Linien

Boote und Wellen – Kreissegmente, Dreiecke

Kurzbeschreibung

Die Schüler gestalten eine bewegte Meeresfläche aus blauen Filzstiftlinien, auf der sich aus Tonpapier gestaltete bunte Segelboote verteilen.

Jahrgangsstufe

5–7

Zeitaufwand

3–4 Unterrichtsstunden

Kompetenzen

- Sachkompetenz: kreativer Einsatz von Filzstiften in verschiedenen Blautönen, Anfertigen von Segelformen aus Tonpapier
- Methodenkompetenz: bewegte Linien als Gestaltungsmittel, Kreissegmente und Dreiecke als Bootsformen, Bedeutung der Farbwahl für den Figur-Grund-Bezug, Elemente der Perspektive, Mischtechnik (Zeichnen, Collage)

Hinweise

- Regen Sie an, dass die Schüler blaue Filzstifte untereinander austauschen, um Farbnuancen in der Wasserfläche zu erzielen.
- Achten Sie darauf, dass die Schüler das Hintergrundblatt möglichst dicht mit Wellenlinien bedecken.
- Weisen Sie darauf hin, dass die Größe der Boote zum oberen Bildrand hin abnehmen sollte (Perspektive).
- Variante: Die Schüler bringen auf den Flächen der Segel Symbole (z. B. Sonne, Buchstaben, Pfeile) an.

Material

- weißes Papier (DIN A4)
- blaue Filzstifte in verschiedenen Stärken
- Bleistift
- weitere Filzstifte
- Tonpapierreste (DIN A5) in 4 Farben
- Schere
- Klebestift

Boote und Wellen – Kreissegmente, Dreiecke

So geht's:

Boote

- Zeichne auf weißes Papier (DIN A4, waagerecht oder senkrecht genommen) mit Bleistift vier Bootskörper. Sie sehen wie Kreissegmente aus und sind oben gerade.
- Wähle verschiedene Größen (lang gezogene, bauchige, kleine, große Boote) (1).
- Verteile sie so, dass die Größe zum oberen Bildrand hin abnimmt. Das lässt sie weiter entfernt wirken (Perspektive).
- Fahre die Umrisse mit Filzstiften nach und verziere die Boote mit Mustern (Streifen, Kreisen, gestrichelte Linien ...)

Bewegte See (Hintergrund)

- Nimm blaue Filzstifte in verschiedenen Stärken und Farben.
- Beginne von der unteren Bildkante her, Wellenlinien zu zeichnen. Lass die Linien von einer Schmalseite des Blattes zur gegenüberliegenden Seite laufen (2).
- Unterbrich die Linien, um kleine Wasserspiralen (Gischt) zu zeichnen.
- Zeichne hohe und flache Wellen.
- Betone ab und zu eine Wellenrichtung durch eng parallel geführte Linien.
- Führe die Wellen über die Stellen hinweg, wo die Boote in die Wasserfläche eintauchen, aber lass sie ansonsten hinter den Bootskörpern verschwinden und wieder auftauchen.
- Zeichne nachträglich noch Wirbel in leere Stellen, sodass zum Schluss das ganze Blatt mit blauen Wellenlinien bedeckt ist.

Segel

- Schneide aus farbigem Tonpapier lang gezogene Dreiecke für die Segel zurecht.
- Schneide dazu schräg die Eckflächen eines Tonpapiers ab.
- Klebe die Segel so auf die Boote, dass sie eine Neigung haben und in verschiedene Richtungen weisen (3). Große Segel wieder im Vordergrund, kleine Segel im Hintergrund.

Boote und Wellen – Kreissegmente, Dreiecke

2

3

1

Boote und Wellen – Kreissegmente, Dreiecke